EXPLICANDO
La resurrección
El corazón del cristianismo

DAVID PAWSON

ANCHOR RECORDINGS

Copyright ©2017 David Pawson

El derecho de David Pawson a ser identificado como el autor de esta obra ha sido afirmado por él de acuerdo con la Ley de Copyright, Diseños y Patentes de 1988.

Traducido por Alejandro Field

Esta traducción internacional español se publica por primera vez en Gran Bretaña en 2017 por
Anchor Recordings Ltd
DPTT, Synegis House, 21 Crockhamwell Road,
Woodley, Reading RG5 3LE

Ninguna parte de esta publicación podrá ser reproducida o transmitida de ninguna forma o por ningún medio, electrónico o mecánico, incluyendo fotocopia, grabación o ningún sistema de almacenamiento o recuperación de información, sin el permiso previo por escrito del editor.

Si desea más de las enseñanzas de David Pawson, incluyendo DVD y CD, vaya a www.davidpawson.com

**PARA DESCARGAS GRATUITAS
www.davidpawson.org**

Si desea más información, envíe un e-mail a info@davidpawsonministry.com

ISBN 978-1-911173-58-8

Este libro está basado en una charla. Al tener su origen en la palabra hablada, muchos lectores encontrarán que su estilo es algo diferente de mi estilo habitual de escritura. Se espera que esto no afecte la sustancia de la enseñanza bíblica que se encuentra aquí.

Como siempre, pido al lector que compare todo lo que digo o escribo con lo que está escrito en la Biblia y, si encuentra en cualquier punto un conflicto, que siempre confíe en la clara enseñanza de las escrituras.

David Pawson

EXPLICANDO
La resurrección
El corazón del cristianismo

Lo bueno de leer la Biblia es que cada palabra que leemos vale la pena ser conocida. Miremos 1 Corintios 15:

> Ahora, hermanos, quiero recordarles el evangelio que les prediqué, el mismo que recibieron y en el cual se mantienen firmes. Mediante este evangelio son salvos, si se aferran a la palabra que les prediqué. De otro modo, habrán creído en vano.
> Porque ante todo les transmití a ustedes lo que yo mismo recibí: que Cristo murió por nuestros pecados según las Escrituras, que fue sepultado, que resucitó al tercer día según las Escrituras, y que se apareció a Cefas, y luego a los doce. Después se apareció a más de quinientos hermanos a la vez, la mayoría de los cuales vive todavía, aunque algunos han muerto. Luego se apareció a Jacobo, más tarde a todos los apóstoles, y por último, como a uno nacido fuera de tiempo, se me apareció también a mí.
> Admito que yo soy el más insignificante de los apóstoles y que ni siquiera merezco ser llamado apóstol, porque perseguí a la iglesia de Dios. Pero por la gracia de Dios soy lo que soy, y la gracia que él me concedió no fue infructuosa. Al contrario, he trabajado con más tesón que todos ellos, aunque no yo sino la gracia de Dios que está conmigo. En fin, ya sea que se trate de mí o de ellos, esto

es lo que predicamos, y esto es lo que ustedes han creído.

Ahora bien, si se predica que Cristo ha sido levantado de entre los muertos, ¿cómo dicen algunos de ustedes que no hay resurrección? Si no hay resurrección, entonces ni siquiera Cristo ha resucitado. Y si Cristo no ha resucitado, nuestra predicación no sirve para nada, como tampoco la fe de ustedes. Aún más, resultaríamos falsos testigos de Dios por haber testificado que Dios resucitó a Cristo, lo cual no habría sucedido, si en verdad los muertos no resucitan. Porque si los muertos no resucitan, tampoco Cristo ha resucitado. Y si Cristo no ha resucitado, la fe de ustedes es ilusoria y todavía están en sus pecados. En este caso, también están perdidos los que murieron en Cristo. Si la esperanza que tenemos en Cristo fuera sólo para esta vida, seríamos los más desdichados de todos los mortales.

Lo cierto es que Cristo ha sido levantado de entre los muertos, como primicias de los que murieron. De hecho, ya que la muerte vino por medio de un hombre, también por medio de un hombre viene la resurrección de los muertos. Pues así como en Adán todos mueren, también en Cristo todos volverán a vivir, pero cada uno en su debido orden: Cristo, las primicias; después, cuando él venga, los que le pertenecen. Entonces vendrá el fin, cuando él entregue el reino a Dios el Padre, luego de destruir todo dominio, autoridad y poder. Porque es necesario que Cristo reine hasta poner a todos sus enemigos debajo de sus pies. El último enemigo que será destruido es la muerte, pues Dios "ha sometido todo a su dominio". Al decir que "todo" ha quedado sometido a su dominio, es claro que no se incluye a Dios mismo, quien todo lo sometió a Cristo. Y cuando todo le sea sometido, entonces el Hijo mismo se someterá a aquel que le sometió todo, para que Dios sea todo en todos.

1 Corintios 15:1-28

Cada domingo es único, porque un hombre judío que vivió hace dos mil años fue ejecutado como un peligroso criminal a los treinta y tres años de edad. Fue sepultado durante tres días y tres noches, luego volvió con sus amigos al cuarto día, cenó con ellos, se quedó durante seis semanas y luego desapareció, y no se lo ha visto en la tierra desde entonces.

Millones de personas creen que aún está vivo, y que volverá al planeta Tierra. Hay una religión mundial basada en esto, de la cual formamos parte. Un tercio de la población del mundo dice creer los hechos que acabo de darle. Los amigos y los enemigos del cristianismo saben que todo depende de la resurrección de Jesús. Es el hecho crucial. Si no ocurrió, estamos participando en el mayor fraude de la historia, y deberíamos estar cerrando todas las iglesias. Todo habría estado basado en una mentira total. El cristianismo se vendría abajo por completo y, de ser así, deberíamos ser sinceros y reconocer que hemos edificado todo sobre una mentira, hemos dado consuelo falso y hemos engañados a las personas. Si es así, entonces el cristianismo debería desaparecer. Ha inducido al error a demasiadas personas.

Ahora bien, muchos estarían contentos de ver a la iglesia desaparecer, siempre que Jesús se quedara. Me encuentro con muchas personas que están a favor de Jesús, pero no a favor de la iglesia. Es una actitud muy habitual en mi país. No se dan cuenta de que Jesús dijo "He venido a edificar una iglesia, a edificar mi iglesia". Pero es así. Muchos aceptan su noble enseñanza, personas como el indio Mahatma Gandhi o el ruso Dostoievski. Ellos creían que Jesús fue un gran maestro moral. Los musulmanes creen que fue un gran profeta, pero nada más. La resurrección demuestra que no es solo un gran maestro o un profeta. Es mucho más que eso.

Sin la resurrección, no podríamos creer en Jesús, porque dijo cosas acerca de sí que simplemente no son ciertas si no resucitó. Si lo hizo, todo lo que dijo es verdadero, y ha sido reivindicado ante el mundo. Jesús nos presenta con una opción: ¡fue un lunático, un mentiroso o el Señor! Todos en el mundo tienen que decidir cuál de estas opciones es verdad. Dicho de otra forma, era loco, malo o Dios. Usted tiene que decidir.

Hay algunos que niegan incluso que murió. Pero nosotros creemos que murió, fue sepultado y volvió a la vida antes que su cuerpo se pudriera en la tumba. Ése es el corazón de la fe cristiana. La fe no está basada en sentimientos, sino en hechos, y quiero decir ahora que estoy tratando con hechos. Primero hablaré acerca de esos hechos y la evidencia en su favor. Pero luego quiero pasar al significado de esos hechos, porque la mayoría de los cristianos no parece darse cuenta de la importancia del hecho de la resurrección de Jesús.

Las seis cosas acerca de las cuales quiero hablarle son las siguientes. Primero: *la secuencia de la resurrección*. Pongamos en claro la historia. Pongamos en claro los hechos. Creo que algunos se llevarán algunas sorpresas. Luego pasaremos a *la evidencia a favor de la resurrección de Jesús*, suponiendo que usted no es una persona cristiana y necesita ser convencida de que realmente ocurrió. Tercero, quiero pasar a la *importancia de lo que ocurrió*: ¿cuál es su significado esencial? Así que consideraremos *la esencia de la resurrección*: ¿qué está en su corazón? Después quiero hablarle acerca de *la consecuencia de la resurrección*, para usted y para todo el mundo en que vivimos. Finalmente, *la experiencia de la resurrección*, porque es eso lo que finalmente lo convence cuando uno tiene un encuentro personal con el Señor resucitado, ascendido y vivo. Éste es mi plan.

La secuencia de la resurrección
Pasemos a los hechos. Pongamos en claro los hechos, y aquí tendrá dos sorpresas. Primero, Jesús no murió un viernes. Sé que la iglesia lo ha enseñado durante siglos, pero no encaja con los hechos. Segundo, no resucitó un domingo a la mañana. Es otro hecho que necesita conocer. Porque hay aparentes contradicciones en la historia de los Evangelios. Algunos dicen que estuvo en la tumba tres días y tres noches, y no podemos encajar esto entre la tarde del viernes y la mañana del domingo; es imposible. ¿Alguna vez le intrigó leer eso? Espero que sí. Y luego otros Evangelios dicen que estaba vivo al tercer día. Ahora bien, esas dos afirmaciones se contradicen entre sí. ¿Por qué, entonces, la iglesia desarrolló la tradición (porque es eso lo que es) de que murió la tarde del viernes, basada en que debía ser enterrado rápidamente después de morir? Murió a las tres de la tarde y fue sepultado antes de las seis de la tarde, porque comenzaba el Sabbat (el día de reposo), y debía ser sepultado antes de ese día.

El Sabbat era un día de reposo en el que no se podía sepultar a personas, así que hicieron un funeral con mucha prisa. Pero si solo las personas hubieran leído la Biblia con cuidado, sabrían que *ese* Sabbat no fue un sábado. No era el día de reposo *semanal*. El Evangelio de Juan dice que era un "Sabbat especial", un "Sabbat alto", un día de reposo y feriado especial. La fiesta judía de la Pascua (que podría caer cualquier día de la semana) comenzaba con un Sabbat especial. Fue en ese día, que podría haber caído cualquier día de la semana, que Jesús murió a las tres de la tarde. Así que no fue un viernes. Jesús mismo dijo: "Estaré tres días y tres noches en la tumba". No podría haber sido el viernes.

Vendré ahora a lo que creo que encaja con la evidencia. Jesús murió el miércoles a las tres de la tarde, el día antes de la Pascua. Esto es muy significativo, porque se les cortaba el cuello a miles de corderos a las tres de la tarde el día antes del Sabbat previo a la Pascua. Jesús murió exactamente en ese momento, y por esta razón el Nuevo Testamento dice que nuestro Cordero Pascual ha sido sacrificado por nosotros.

Cuando digo que no resucitó el domingo a la mañana, debe recordar que el día judío comenzaba a las 6 de la tarde del día anterior, con la puesta del sol, de modo que los judíos contaban un día desde la puesta del sol a la puesta del sol. Por lo tanto, el Sabbat semanal fue el sábado, que terminó a las 6 de la tarde. Entonces comenzó el primer día de la semana. El primer día laborable comenzó a las 6 de la tarde del sábado, y hay una sola cosa que puede explicar los hechos, y es que Jesús resucitó entre las 6 pm y la medianoche del sábado. Para los judíos, ése era el primer día de la semana, y sabemos por el relato que las mujeres fueron a la tumba mucho antes de la luz del día la mañana siguiente, y la tumba ya estaba vacía.

Los dos hechos que quiero compartir con usted son que Jesús murió a las tres de la tarde del miércoles, el día antes del Sabbat de la Pascua, cuando comenzaba la Pascua de esa semana, y que resucitó la noche del sábado, entre las 6 pm y la medianoche. La importancia de esto es que, para el judío, era el primer día de la semana. Lo que llamamos domingo no comienza a la medianoche, para el judío, sino a la puesta del sol del día anterior. Esto es por Génesis 1. Nosotros pensamos que un día completo consiste en la mañana y la noche, el día y la noche, la mañana y la tarde, pero la Biblia comienza diciendo "vino la noche, y llegó la mañana" el primer día. De aquí que los judíos consideran un día desde la puesta del sol a la puesta del sol, de acuerdo con las escrituras. Pero los romanos (en quienes está basado nuestro calendario) van de medianoche a medianoche. Nosotros no pensamos que un día ha comenzado hasta la medianoche, y que terminará la medianoche siguiente. Éste es un hábito occidental, que heredamos de los romanos.

Ahora llegamos al asunto crucial. En el Nuevo Testamento, la nación judía estaba ocupada por los romanos, y tenían la dificultad de tener dos calendarios y dos relojes. Si Jesús murió el miércoles a la tarde y resucitó el sábado a la noche, después de 6 pm, entonces cada cosa dicha acerca del cronograma encaja perfectamente. Estuvo tres días y tres noches en la tumba, de acuerdo con el calendario judío, como dijo que estaría, pero también resucitó el tercer día, según el calendario romano. Porque, de acuerdo con su forma de pensar, de 6 pm a medianoche el sábado, era el tercer día. De pronto, todo en la Biblia encaja perfectamente.

Pude confirmar este próximo punto, que será otra sorpresa para usted: Jesús no nació en el año cero. Nuestro calendario está equivocado. Herodes el Grande intentó matarlo cuando nació, y mató a varios de sus primos. Varios cientos de parientes y amigos de Jesús fueron muertos cuando él nació. Pero Herodes el Grande murió en 4 a.C., así que me temo que el calendario que usamos dos mil años después está por lo menos cuatro años errado. Ahora bien, suponiendo que Jesús nació en 4 a.C., hice un poco de investigación y averigüé que en el año 29 d.C., cuando tenía treinta y tres años y fue muerto, la Pascua comenzaba un jueves. Ese primer Sabbat de la semana fue un jueves y, por lo tanto, murió un miércoles, el día antes del comienzo de la Pascua, cuando los corderos eran sacrificados de acuerdo con el libro de Éxodo, a las tres de la tarde. De pronto, toda la Biblia encaja. Le dejo la idea. No diré que su fe depende de lo que acabo de decirle. Es muy importante que Jesús haya resucitado el primer día de la semana. Eso es crucial. No es tan importante qué día murió. Lo importante es que él murió por usted; ése es el hecho al que debe aferrarse. Solo intento decir que estoy tratando con hechos históricos, no teorías, no mitos, no leyendas. Y cuando uno mira todo lo que la Biblia dice acerca de la muerte y resurrección de Jesús, aparecen contradicciones hasta que uno los encaja en el tipo de cronograma que le estoy dando.

Jesús resucitó el primer día de la semana, que comenzaba con la puesta del sol del sábado. Algunos piensan que resucitó justo a tiempo para el culto de la mañana del domingo. No fue así. Había dejado la tumba mucho antes que saliera el sol, según la Biblia. Si resucitó en esas seis horas del primer día de la semana, en la noche anterior, encaja perfectamente. Encaja también con la frase "el tercer día", porque jueves, viernes, sábado —pensamiento romano, de medianoche a medianoche— hace que ese período crucial sea el tercer día para los tiempos romanos y el primer día para los tiempos judíos.

Espero que le haya resultado interesante. He incluido un gráfico al final de este librito, para que pueda verificar en la Biblia cómo encaja todo. Pero eso es solo la fecha, solo el tiempo. ¿Cuál fue la secuencia? La secuencia es que, cuando murió y fue sepultado en la tumba en la roca, hicieron rodar una piedra frente a la entrada. Fueron necesarias entre veinte y treinta personas para correr esa piedra. Era una piedra grande, y tiene que haber pesado varias toneladas. (Dicho sea de paso, esta cifra aparece en una de las versiones del Evangelio de Marcos. Era una piedra muy grande y pesada.) Luego fue sellada y se les dijo a los soldados que custodiaran esa tumba tres días y tres noches. Todo esto era porque dijo que Dios, su Padre, no dejaría que se pudriera en la tumba. Por lo tanto, era vital mantenerlo ahí. Por eso apostaron una guardia de soldados y es por esto, también, que las mujeres que querían ungir su cuerpo no fueron hasta muy temprano en la mañana del domingo. Ellas sabían que habría soldados allí durante tres días: el jueves, el viernes y el sábado. Habría soldados que no las hubieran dejado acercarse a la tumba para ungir el cuerpo como querían, porque Jesús había sido sepultado tan rápidamente que las mujeres no habían tenido tiempo para preparar el cuerpo. En realidad, dos hombres judíos ungieron el cuerpo de Jesús, pero lo hicieron muy apurados. Uno era Nicodemo (que había ido a ver a Jesús escudado en la oscuridad), y el otro era José, que había nacido en un lugar llamado Arimatea. Estos dos hombres se ocuparon de la sepultura de Jesús y ungieron su cuerpo, y lograron prepararlo para la sepultura en menos de tres horas.

Fue así como lo prepararon para la sepultura. Tenían una larga sábana de lino con la que envolvieron el cuerpo, desde el torso superior hasta los pies. El cuerpo estaba cubierto completamente por la sábana. Mientras envolvían el cuerpo introducían ungüentos y especias, para que el cuerpo no diera olor. Una especie de embalsamamiento. Luego tomaron otra tira de lino y envolvieron la cabeza, desde la frente hacia arriba, como un turbante. Así que el rostro y los hombros quedaban desnudos, a la vista de las personas que iban a ver a la persona muerta. Esto fue lo que hicieron los dos hombres a las apuradas. Las mujeres tal vez ni siquiera sabían que ellos habían podido hacer esto, pero se propusieron ir lo antes posible para ungir el cuerpo ellas mismas con las especias que habían preparado. De modo que fueron temprano el domingo a la mañana. ¿Por qué no fueron el viernes, entre el Sabbat del jueves y el Sabbat semanal del sábado? Habría podido trabajar ese día. Pero recordaron que los soldados estarían en el lugar, así que tuvieron que esperar hasta el domingo.

Iban camino a la tumba cuando se detuvieron y se preguntaron quién correría la piedra. Si fueron necesarios veinte hombres para colocarla en su lugar, media docena de mujeres no podrían ingresar en la tumba. Cuando llegaron, encontraron que la piedra había sido corrida y que los soldados se habían ido (habían salido despavoridos por un terremoto y algunas apariciones). Al llegar, encontraron la piedra tirada sobre el piso y un ángel sentado encima.

Un abogado en Inglaterra escribió un libro: *Who Moved the Stone?* (¿Quién movió la piedra?). El primer capítulo llevaba por título "El libro que no quiso ser escrito". Lo había empezado a escribir para demostrar que Jesús no resucitó y, por lo tanto, desacreditar el cristianismo. En el primer capítulo dice que examinó la evidencia, y creyó. Tuvo que escribir un libro diferente. Su respuesta fue: él ángel corrió la piedra. Los ángeles son mucho más fuertes que nosotros. Son más hermosos que nosotros, más inteligentes, más poderosos. Son las criaturas más elevadas de Dios. Nosotros venimos después, y los animales están un lugar más abajo. Así que el hombre no es el número uno en la creación, como le dirán todos los evolucionistas. No somos la cumbre de la creación, sino los ángeles. Ellos son las criaturas más elevadas, y solo fue necesario un ángel para quitar la piedra y sentarse encima. ¡Me encanta esto! Cómo trató con desdén la piedra: la corrió y se sentó encima. Eso fue lo que ocurrió. Y las mujeres descubrieron una tumba vacía.

Una de ellas se quedó en el lugar. Amaba tanto al Señor que quería su cuerpo. Cuando vio a un hombre que pensó que era el jardinero en la tumba del jardín, dijo: "¿Qué ocurrió con el cuerpo? Dígame dónde lo han puesto, porque iré a buscarlo. Quiero tener ese cuerpo". Estaba agachada cuando lo dijo, y tomó al jardinero de los tobillos —así dice el texto— y una voz dijo: "Deja de aferrarte a mí. Deja de tocarme, María". La forma en que pronunció su nombre fue suficiente.

"Raboni, ¿eres tú?". Fue la primera en descubrir que Jesús estaba vivo. Él le dijo que fuera y se lo contara a sus hermanos: "Diles que me encontraré con ellos en Galilea. Ve y diles…" Ella fue corriendo a contarles.

Ahora bien, los discípulos, cuando escucharon, no creyeron. Es lo que se nos dice. No podían creer que Jesús estuviera nuevamente vivo. Era simplemente inaudito: tres días, tres noches en la tumba, sellada, custodiada. ¿Cómo podría haber salido? Así que fueron corriendo a la tumba para ver lo que había pasado. Pedro y Juan corrieron más rápido que los demás, y llegaron primeros. El querido Pedro, siempre tan impetuoso. Me encanta Pedro. Cada vez que abría la boca metía la pata (puedo entenderlo). Y entró corriendo. Juan se quedó en la boca de la tumba y se limitó a mirar hacia adentro, y vio algo asombroso. Pedro no lo notó, pero Juan sí. El turbante seguía armado, pero solo, y la larga tira de lino que había envuelto el resto del cuerpo estaba tirada en el suelo, todavía armada y sin especias derramadas en el suelo. Dice que Juan creyó, en ese momento, que algo sobrenatural había ocurrido. Lo que estaba viendo no tenía nada de natural.

Dios tiene que haber estado ocupado en la tumba. Juan se dio cuenta de que el cuerpo de Jesús se había ido simplemente, había desaparecido, dejando la ropa mortuoria atrás. Fue el primero en creer. Más tarde ese día, Jesús apareció a dos de sus parientes —no parientes cercanos—, un hombre y su esposa que posiblemente eran tíos de Jesús. Caminó con ellos un largo trecho de vuelta a casa tarde a la noche. Ellos le contaron lo desilusionados que estaban con Jesús. Habían pensado que redimiría a Israel, pero no lo había hecho. Entonces llegaron a su casa y, como Jesús iba a seguir caminando en la oscuridad, le dijeron: "Ven y quédate con nosotros la noche". Entonces ocurrió algo asombroso. Mientras cenaban, hicieron lo que hace todo judío. Dieron al huésped el pan para que lo partiera, para que pudiera quedarse con el pedazo más grande (como cortesía). Cuando se lo dieron miraron por primera vez sus manos, y de pronto sus ojos fueron abiertos. ¡Y él se fue, desapareció! Pero ahora sabían que estaba vivo, y comenzaron a repasar la conversación que habían tenido. Los había hecho recorrer todo el Antiguo Testamento, y les había mostrado todo acerca de él: que debía morir, que debía entrar en la gloria a través del sufrimiento, y que acababa de hacer precisamente eso.

Aunque estaba oscuro y tendrían un viaje largo de vuelta a Jerusalén, volvieron corriendo y encontraron a los discípulos, y les dijeron: "¡Está vivo! ¡Está vivo!". Aun así, los discípulos no creyeron, aunque Juan sí. Los demás no pudieron creerlo. Y mientras estaban hablando, apareció él, dándoles el saludo judío, *Shalom*, que significa armonía con Dios, armonía con la naturaleza, armonía con otras personas y armonía con uno mismo. Una palabra hermosa. Fue la primera palabra que les dijo Jesús. Lamentablemente, Tomás no estaba presente. Llevó una semana persuadirlo, y Jesús mismo lo hizo de una forma tal que Tomás dijo: "¡Mi Señor y mi Dios!". Fue la primera persona en llamar a Jesús "Dios" sin restricción. Pedro lo había llamado Hijo de Dios, Marta lo había llamado Hijo de Dios, pero fue Tomás quien los llamó Dios, y era la verdad. Ésta es, muy brevemente, la secuencia de sucesos que llamamos la resurrección.

La evidencia de la resurrección de Jesús
Pero tenemos que profundizar mucho más. Quiero pasar primero a la evidencia que podemos dar a las personas a favor de la resurrección como un suceso histórico. Tenemos que hacerlo para persuadirlas de que realmente ocurrió. Permítame decir primero que no tenemos ninguna evidencia *visible*. No tenemos el cuerpo, y no podemos producir el cuerpo vivo. Los escépticos tampoco pueden producir el cuerpo muerto, así que estamos empantanados. ¿Entiende lo que estoy diciendo? Si los cristianos pudieran producir el cuerpo vivo y dejar que la gente lo viera, las convencería. Si los escépticos pudieran producir el cuerpo muerto, y encontraran los huesos de Jesús en alguna parte de Oriente Medio, podrían tener argumentos en su favor. Pero nadie ha

podido encontrar ni el uno ni el otro. Entonces, ¿qué clase de evidencia tenemos? No podemos encontrar ninguna evidencia científica de que resucitó; seamos sinceros. La ciencia solo puede demostrar algo de dos formas: observándolo o reproduciéndolo en un laboratorio. Los científicos no pueden hacer ninguna de estas cosas con la resurrección. No estuvieron allí para observarla, y no pueden repetirla en el laboratorio.

Entonces, ¿qué evidencia podemos producir? La respuesta es clara: evidencia legal, o si no evidencia histórica, cuando uno no ve ocurrir algo, como ocurre en cada caso en un tribunal. Consideremos un caso de asesinato. Nadie en el tribunal lo vio ocurrir. ¿Cómo saben que ocurrió? Debe producirse evidencia legal. Dos clases de evidencia. Una, la mejor, es el testimonio de testigos oculares. Si eso no convence al jurado, entonces se produce evidencia circunstancial, que los pueda convencer más allá de toda duda razonable de que el asesinato ocurrió, y que tal persona fue la asesina. Cada caso legal tiene que producir esa clase de evidencia. Tratemos de imaginar una escena. Hay un enorme peñasco en los acantilados blancos en el sur de Inglaterra, llamado Beachy Head. Un día encuentran el cuerpo de una mujer al pie de Beachy Head, y la pregunta es: ¿se cayó o fue asesinada? El esposo es arrestado y juzgado por asesinarla. Si hubiera testimonios de testigos presenciales, sería una buena evidencia. Si un testigo dice: "Vi un hombre caminando con su esposa a Beachy Head y vi que volvió solo", sería una evidencia bastante buena. Si alguien lo vio empujarla por el peñasco, sería decisiva. El testimonio de testigos oculares es buena evidencia, pero si nadie vio nada, se traerá evidencia circunstancial. El hecho de que una semana antes había sacado un enorme seguro para su esposa sería evidencia circunstancial. El hecho de que los vecinos lo habían visto con otra mujer frecuentemente cuando no estaba su esposa, y que la llevaba a su casa, sería una buena evidencia circunstancial. Y el descubrimiento de que había reservado vuelos a las Indias Occidentales para él y otra persona justo antes de que todo ocurriera desarrollaría evidencia circunstancial adicional. Cada pedacito de evidencia podría no probarlo de manera decisiva, pero lo que se denomina evidencia acumulativa sería decisiva.

Tenemos las dos clases de evidencia a favor de la resurrección de Jesús. Por un lado, tenemos el testimonio de testigos oculares. Y cuando uno lee los testimonios de Mateo, Marcos, Lucas y Juan, hay una característica llamativa: no concuerdan. Hay pequeños detalles que no concuerdan, y eso es precisamente lo que convence a los abogados de que son todos testimonios de testigos oculares. Si todos contaran exactamente la misma historia, podrían haberla "cocinado", y se puede ver que se han confabulado. Siempre hay ligeras diferencias. Por ejemplo, si alguien es atropellado en la calle, un testigo podrá decir que un perro cruzó la calle en frente de un coche, y el coche hizo una maniobra para eludir al perro y atropelló a la persona. Otro testigo podrá decir: "Vi eso, pero había dos perros, no uno, y un perro estaba persiguiendo al otro en frente del coche". Hay una ligera discrepancia allí que convence a la ley de que ambos están diciendo la verdad de manera independiente.

Un Evangelio dice que había un ángel en la tumba, y otro Evangelio dice que había dos. ¿Contradicción? No, un testigo vio uno solo y el otro vio a los dos. Y son esas discrepancias entre los testimonios de los testigos oculares que convencen a un abogado de que están leyendo testimonios independientes. Ellos —Mateo, Marcos, Lucas y Juan— no se han reunido para decidir una historia. Si lo hubieran hecho, habrían concordado perfectamente, y todos contarían la misma cosa. Estoy intentando mostrarle que tenemos evidencia real. Tenemos el testimonio de testigos presenciales. Vieron estas cosas y las describieron, cada uno con sus propias palabras. Los detalles difieren levemente, pero eso no demuestra que están equivocados, sino más bien que están en lo correcto.

Es posible que haya habido hasta quinientos testigos presenciales, y había algunos todavía en el tiempo de Pablo, ya que no todos habían muerto. Quinientas personas vieron la resurrección con sus propios ojos, y todos podrían haber atestiguado en un tribunal. Pero aun cuando no tuviésemos el testimonio de ningún testigo presencial, la evidencia circunstancial sería abrumadora. El hecho de que los discípulos, que estaban escondidos detrás de puertas cerradas, salieron y acusaron públicamente a los asesinos de Jesús. Esto significaba buscar la muerte para ellos mismos, y me temo que fue el precio que pagaron. De los doce apóstoles, once fueron muertos (Juan murió de viejo). Ocurrió porque predicaban que Cristo había resucitado y, por lo tanto, es el Rey, no solo de los judíos sino de todo el mundo. Esto era traición en el imperio romano. Pararse y decir que había otro rey era buscar la muerte en un imperio gobernado por un emperador llamado César.

Esto es solo una pieza de evidencia circunstancial. Otra es que los judíos que creyeron que Jesús había resucitado cambiaron su día de culto, del sábado al domingo. Era algo inaudito, que una religión cambiara su día de culto. Es como si todos los musulmanes del mundo comenzaran a adorar el miércoles; es impensable. Y aquí tenemos a judíos que ahora adoraban el domingo, el primer día laborable de la semana. Tenían que levantarse muy temprano para adorar, y adorar muy tarde, porque era un día laborable. ¿Por qué habrían de hacer este cambio, a menos que hubiera ocurrido algo revolucionario? Podría seguir hablando sobre esto. La evidencia de que vidas aún son cambiadas, hay personas sanadas, hay personas malas convertidas en personas buenas solo por creer que Jesús está vivo. Eso es evidencia. Y que mil quinientos millones de personas lo creen. En sí mismo, no lo prueba, pero es evidencia acumulativa que se va agregando. Ahora tenemos tanto el testimonio de testigos oculares como evidencia circunstancial de que Jesús resucitó. Es por esto que hay una profesión en la que más personas se han convertido en cristianos que en cualquier otra, y es la profesión legal. ¿No es asombroso? Ellos entienden la evidencia. Muchos importantes abogados de mi país se han convertido en cristianos porque han considerado la evidencia. Cuando uno lo hace, demuestra ser muy sólida.

Dos profesores de derecho de la Universidad de Oxford eran escépticos acerca del cristianismo. Decidieron que durante las vacaciones de verano cada uno estudiaría y pondría por escrito lo que habían descubierto para demostrar que Jesús estaba muerto. Cuando volvieron a encontrarse en Oxford, durante el nuevo período lectivo en octubre, uno de ellos dijo al otro: "Me da cierta vergüenza encontrarme con usted". El colega le preguntó por qué. Dijo: "He descubierto que resucitó. La evidencia me ha convencido". Y entonces le contestó: "No sabe lo aliviado que estoy que haya dicho eso, porque la evidencia me convenció a mí también". Juntos escribieron un libro muy conocido. Ésta es una declaración del Presidente de la Corte de Inglaterra: "Ningún jurado inteligente del mundo dejaría de dar un veredicto de que la historia de la resurrección es verdadera". ¡El Presidente de la Corte de Inglaterra!

¿Por qué no se convence todo el mundo? Porque no quieren considerar la evidencia. ¿Por qué no lo hacen? Porque no quieren hacerlo. Si es cierto, su vida tiene que cambiar. Si es cierto, entonces todo lo que dijo Jesús es cierto, y eso significará un enorme cambio. El problema es que las personas no quieren enfrentar la evidencia. No quieren hacerlo. No quieren creer que Jesús resucitó. Si tan solo entregaran sus mentes a la evidencia, tendrían que hacerlo, así que la rehúyen.

Ahora bien, todo esto ha sido sobre los hechos. El cristianismo está basado en hechos históricos, cosas que sucedieron. Ni siquiera Dios mismo puede cambiar el pasado una vez que ocurrió, y Dios no puede volver a poner a Jesús en esa tumba. Ha salido. ¡Está vivo! Pero no está aquí, y ésta es una de las dificultades que tenemos cuando testificamos.

La importancia de lo que ocurrió
Avancemos ahora más allá de los hechos. He tenido entrenamiento científico además de teológico, así que siempre me interesan los hechos. Quiero que mi fe esté basada en la verdad, y no en mis sentimientos. Así que paso a la importancia de la resurrección. ¿Qué significa? ¿Por qué ocurrió? Bueno, las dos cosas que significa con certeza son las siguientes. Primero, autenticó a su persona. Era quien decía ser. Había dicho que era divino de diez formas diferentes durante su vida. No tenemos espacio en esta reseña de la resurrección para ver todas esas formas. Dijo que era Dios de diez formas diferentes, y hubo cuatro intentos de matarlo por parte de los judíos, porque la ley judía era muy clara: decir que uno era Dios era blasfemia, y merecía la muerte.

Más de una vez, la gente amenazó de muerte a Jesús, intentó matarlo, aun sus vecinos y amigos de Nazaret, cuando empezaba a predicar. Una vez lo llevaron a una pequeña colina afuera de Nazaret que todavía puede verse ahí, e intentaron arrojarlo por ella. Un sermón e intentaron matarlo, ¡todo un récord para un predicador! ¿Por qué lo hicieron? Porque habían surgido habido falsos mesías en el norte de Israel, en Galilea, que habían demostrado ser falsos y habían sido ejecutados. Hubo un castigo terrible en las aldeas de donde provenían. Los romanos eran capaces de destruir toda una aldea si surgía un falso mesías en esa aldea, para eliminar el problema de raíz. La gente de Nazaret, cuando Jesús se levantó y dijo ser el Mesías, citando a Isaías, y les dijo: "Hoy esta predicción se ha cumplido ante sus propios ojos", tuvieron pánico de que los romanos hicieran desaparecer al pueblo. Por eso se deshicieron de él. Como diría más tarde un hombre llamado Caifás: "Tenemos que deshacernos de este hombre. Es mejor que muera este hombre y no que perezca el pueblo". Él también tenía miedo de la fuerza ocupadora romana. Luego, un día, cuando estaba enseñando, Jesús dijo que era amigo de Abraham. Por eso digo que era loco, malo o Dios, porque Abraham había estado muerto dos mil años. "No puede ser amigo de Abraham, no tienes cincuenta años", dijeron. Luego dijo: "Antes de que Abraham fuese, ¡yo soy!", y "yo soy" era el nombre de Dios. ¡Una afirmación extraordinaria! Apenas lo dijo, los judíos tomaron piedras —hay piedras por todos lados en Tierra Santa— para apedrearlo. ¡Iban a matarlo a pedradas, de manera espontánea, inmediatamente! Gracias a su presencia majestuosa, en ambas ocasiones salió caminando de entre ellos. Nadie lo tocó. Cuatro veces lo intentaron, hasta que él decidió que "el tiempo ha llegado para que yo muera", y dijo: "Vamos a Jerusalén". Y predijo su muerte detalladamente. Jesús decidió cuándo morir, cómo morir y dónde morir. Casi podríamos decir que fue un suicidio. Él arregló su propia muerte.

Bien, ésa es la primera cosa que significa la resurrección. Significa que él fue quien dijo ser. Todas esas diez diferentes formas en que dijo que era un ser divino, que era el unigénito Hijo de Dios, en una relación única que nadie ha tenido jamás. Hasta llamó a Dios "Papá". Usó la palabra judía "Abba", que es lo mismo que "Papito", la palabra más íntima que alguien podría usar para Dios. Ningún judío se atrevería a usar una palabra así. Lo había insinuado, insinuado, insinuado de todas esas formas hasta que, finalmente, Pedro dijo: "Sé quién eres. Eres el Hijo de Dios". Había rumores de que era una reencarnación de grandes personas del pasado, toda clase de rumores, pero fue Pedro quien lo dijo: "Tú eres el Hijo de Dios, ¿no es cierto?".

Luego metió la pata, porque Jesús dijo: "Ahora puedo morir. Ahora puedo seguir adelante con lo que vine a hacer. Vayamos a Jerusalén". Y Pedro dijo: "No irás. No voy a dejar que mueras. Eso está completamente mal". Entonces Jesús dijo: "Ve detrás de mí, Satanás. Lo que dijiste antes era de mi Padre, pero lo que estás diciendo ahora es del diablo". De ahí fue directamente a Jerusalén, ¡a morir!

Esto me lleva a la segunda cosa importante de la resurrección. *No solo autenticó la persona de Jesús, sino que verificó su obra.* El hecho es que ciertamente murió, y que había venido a morir a una edad temprana, y que vino a morir la muerte más humillante y dolorosa que haya sido ideada jamás para criminales. Acá lo tenemos, a los treinta y tres años de edad, colgado de unos clavos a un bloque de madera (completamente desnudo, sin ningún taparrabo con el cual la reverencia cristiana siempre lo ha retratado), completamente humillado y levantado para morir. Aquí tiene otra pequeña sorpresa: Jesús no murió por la crucifixión. No fue la cruz la que mató a Jesús, porque todos los registros nos dicen que lo más rápido que puede matar a una persona una cruz es dos días, y muchas veces duraban siete días, el tiempo que la persona podía sobrevivir. Dos a siete días era lo que tardaba una muerte normal en una cruz, y Jesús había muerto en seis horas. Las pistas están en lo que dijo durante esas seis horas. Durante las tres primeras horas estuvo preocupado por otras personas. Se preocupó por los soldados que lo habían puesto en ese lugar: "Padre, perdónalos porque no saben lo que hacen". Se preocupó por su propia madre, y dijo: "Juan, ¿quisieras cuidar a mi madre?"; supuestamente José había muerto para entonces. Durante tres horas el sol brilló, y en esas tres horas estuvo preocupado por otras personas. Pero luego vinieron las terribles tres horas en la cruz de oscuridad total. Hasta el sol se apagó. Así como una estrella había señalado su nacimiento, el sol señaló su muerte, y se apagó durante tres horas. En la oscuridad estuvo terriblemente sediento, clamó por una bebida y luego le dieron, cruelmente, vinagre, que simplemente lo hizo tener más sed. Fue durante esas tres horas de oscuridad que gritó: "¡Mi Dios! ¡Mi Dios! ¿Por qué me has dejado?". "Elí, Elí, ¿lama sabactani?". Se sintió completamente solo.

Ahora bien, ¿qué significan estas cosas? Significa que Jesús estaba experimentando el infierno. El infierno es un lugar muy oscuro, un lugar de mucha sed, un lugar donde no está Dios. Estaba experimentando el infierno para que usted nunca tenga que ir ahí. Ésa es la verdad. Pero, ¿por qué Dios lo dejó morir? La respuesta es muy sencilla: fue por eso que Dios lo había enviado aquí, para morir por nuestros pecados, para experimentar el infierno en lugar de nosotros. Para eso había venido. Para eso Dios lo había enviado, y por eso Dios no lo salvó. Así que Jesús murió, y los discípulos estaban destruidos. Su fe en Jesús estaba destruida. Él había muerto y todo se había acabado. Habían dejado sus trabajos para seguirlo. Puede imaginar sus sentimientos durante esos tres días y tres noches: depresión total. Entonces se levantó de los muertos. Eso les dijo que no solo era quien dijo ser, sino que había hecho lo dijo que haría, y había satisfecho la justicia de Dios.

Un Dios bueno no puede perdonar el pecado hasta que haya sido pagado. Dios no puede perdonar algo hasta que sea pagado, porque es un Dios de justicia, además de un Dios de misericordia. Nunca tome a la ligera el perdón de Dios, porque está escrito con la sangre de su Hijo, y la resurrección demuestra que Dios aceptó su muerte en lugar de la nuestra. Es lo que significa la sustitución en la cruz.

Así que, de pronto, los discípulos ven ahora que todo está bien. Estaba bien que él muriera. Estaba bien que dijera que era el único Hijo de Dios. Todo encajaba ahora, y fue eso lo que hizo la diferencia para ellos. ¡Imagínese la revolución! Les había llevado dos años y medio darse cuenta de que era el Hijo de Dios, y ahora sabían que era el Hijo de Dios que vino para morir por sus pecados. Tienen el evangelio ahora, y fueron por todas partes predicándolo.

La esencia de la resurrección
Bueno, aún no he terminado. La próxima cosa que quiero considerar es la esencia de la resurrección. ¿Qué quiero decir? Me refiero a que, en el corazón mismo de lo que ocurrió, fue un acto de creación del Creador. El Nuevo Testamento no dice que Cristo *resucitó*, sino que *fue resucitado*. Él no lo hizo. Lo hizo Dios. Fue Dios quien, en la oscuridad de la tumba, le dio un cuerpo flamante, así como, en la oscuridad del vientre de María, Dios había creado el primer cuerpo para Jesús. Ahora, en la oscuridad, Dios había creado un nuevo cuerpo para Jesús. Seguía siendo como el viejo cuerpo a la vista, pero era excepcionalmente distinto. Todavía tenía las marcas de los clavos, pero Dios había actuado en poder creativo en esa tumba. O, dicho de manera sencilla, ¡Dios había vuelta a trabajar! Dios trabajó en la creación del mundo, luego se tomó un descanso, y el descanso duró miles de años, durante los cuales nada nuevo fue creado. La palabra "nuevo" casi no aparece en el Antiguo Testamento, excepto por un texto que me viene a la mente: "He aquí, no hay nada nuevo bajo el sol". La palabra "nuevo" vuelve a usarse en el Nuevo Testamento, porque Dios había creado algo nuevo. Dios había vuelto a trabajar, creando algo de la nada.

Permítame preguntarle algo, y me sorprenderé si alguna vez se hizo esta pregunta. Cuando Jesús resucitó, la ropa mortuoria quedó en la tumba. Así que, ¿de dónde piensa que obtuvo su ropa de resurrección? Seguro que no apareció ante María desnudo, y no había ninguna tienda cerca. Piénselo: ¿dónde consiguió su ropa? La respuesta es que fue el mismo lugar de donde obtuvo su nuevo cuerpo. Dios la creó de la nada. Usted será vestido por el cielo, pero no hace falta empacar para ir ahí. Recibirá nueva ropa, creada por Dios. Esto fue un acto de creación: la resurrección. Otras personas habían sido traídas de la muerte en sus cuerpos viejos, solo para volver a morir. Lázaro volvió a su cuerpo viejo para volver a morir. También el hijo de la viuda de Naín. De hecho, muchas personas fueron resucitadas en el Antiguo y el Nuevo Testamento, pero ninguna obtuvo una vida nueva. Volvieron a la vida. Fueron traídas de vuelta a una vida vieja, y todas volvieron a morir finalmente. (Tal vez ésta es la razón por la que se dice que Lázaro nunca volvió a sonreír, porque tuvo que volver a esta vida luego de haber escapado de ella.)

Pero Jesús volvió con un nuevo cuerpo, un acto de creación, un nuevo cuerpo que podía atravesar paredes y puertas cerradas sin ninguna dificultad. Nunca lo había hecho antes. Un nuevo cuerpo, una nueva creación. En otras palabras, la primera parte de la vieja creación que Dios hizo nueva fue el cuerpo de Jesús, y por eso es llamado el primogénito de la creación. Él es el primero y hasta ahora el único que obtuvo un nuevo cuerpo creado y que no ha envejecido. Las iglesias en el año 2000 pusieron avisos diciendo que era el cumpleaños 2000 de Jesús. No es así en absoluto; él no ha envejecido para nada. Ha obtenido un nuevo cuerpo que no envejece. Sigue teniendo treinta y tres años de edad, en la flor de la vida, porque no fue un cuerpo viejo, sino un cuerpo nuevo. Sí, tiene el aspecto que permitió que fuera reconocido, pero fue un cuerpo nuevo, y esto es muy importante para nosotros. Ocurrió el primer día laborable de la semana para los judíos. Por eso adoramos el domingo: Dios ha vuelto a trabajar.

La nueva creación ha comenzado, y nosotros somos su nueva creación. "Si alguno está en Cristo, es una nueva creación", dice Pablo. Solo que ha habido una gran diferencia, un gran cambio entre la primera y la nueva creación. La primera creación comenzó con el cielo y la tierra, y finalizó con los hombres y las mujeres. La nueva creación está en el orden inverso. Dios está haciendo hombres y mujeres nuevos primero, y luego hará un nuevo cielo y una nueva tierra para que vivan en ellos. Así que ha invertido el orden, y toda la Biblia le dice por qué: porque quiere que usted forme parte de su nueva creación. Ésta es una verdad asombrosa del Nuevo Testamento, que Dios ha comenzado con las personas esta vez; comenzó con su Hijo esta vez. Por lo tanto, la resurrección el primer día laborable de la semana nos dice que Dios ha comenzado la segunda semana de la creación, y estamos viviendo en ella ahora mismo. Dios está haciendo nuevos hombres y mujeres (mayormente los domingos, en realidad), y las personas están siendo hechas nuevas a través de la aceptación del evangelio. Ésta es la razón por la que adoramos el domingo. Estamos diciendo que Dios ha vuelto a trabajar. No es un día de reposo; de hecho, para la mayoría de los cristianos el domingo está lejos de ser un día de reposo. Pero estamos celebrando que el Creador ha vuelto a trabajar.

La consecuencia de la resurrección
Ahora consideraremos la consecuencia de la resurrección para las personas, y luego para el mundo en el que vivimos. La consecuencia para nosotros es que un día nosotros también seremos resucitados. Dios no solo está salvando nuestra alma, sino que él quiere salvar la totalidad: quiere redimir nuestros cuerpos. Todo ser humano pasa por tres fases de existencia y éstas tres se cumplirán para usted. La

primera fase es la vida aquí, en un cuerpo. Yo sigo estando en la primera fase, pero ya con ochenta y pico de años no sé cuánto más va a durar. Pero luego, al morir, pasaré a la segunda fase, a una fase incorpórea, cuando seré un espíritu sin cuerpo. Un espíritu plenamente consciente, capaz de comunicarme, pero sin un cuerpo físico. En 2 Corintios 5 Pablo dice: "Estaré sin ropa; la tienda en la que he vivido será desarmada. Seré un espíritu sin cuerpo. Por un lado, no estoy esperando eso tanto, porque son nuestros cuerpos los que nos permiten estar activos y hacer tantas cosas". Luego Pablo volvió a pensar y dijo: "No, es mejor estar con Cristo, estar en casa con el Señor, aun sin un cuerpo". He usado esto frecuentemente para consolar a los moribundos. Perderemos el cuerpo, pero no nos perderemos nosotros. Continuaremos. Nuestro espíritu sobrevive la muerte. Dos minutos después de morir, sabremos quiénes somos, dónde nos encontramos y con quiénes estamos. Es muy importante esto: nadie pierde la existencia al morir. La Biblia es muy clara al respecto.

Pero un día seremos resucitados y recibiremos un cuerpo flamante, como el cuerpo glorioso de Jesús. A mi edad no veo la hora de volver a tener treinta y tres años, sin volver a envejecer. ¿No es apasionante? Tener un cuerpo como el cuerpo glorioso de Jesús, ser joven y volver a estar en buen estado. ¡Maravilloso! ¡Aleluya!

Le he dicho cuál será la consecuencia para mí. Casi no se encuentra en el Antiguo Testamento, aunque en Daniel dice que multitudes que duermen en el polvo de la tierra despertarán, algunos para vida eterna, pero algunos para vergüenza y desprecio eternos. Porque cuando obtengamos nuestro cuerpo nuevo tendremos que vivir en alguna parte, y hay dos lugares donde podemos vivir; ¡dos, no uno! Jesús dijo: "No se asombren por esto. Vendrá el tiempo en que todos los que estén en sus tumbas escucharán la voz del Hijo del Hombre y saldrán. Los que han hecho lo bueno se levantarán para vivir, y los que han hecho lo malo se levantarán para ser condenados". Todos resucitarán; las personas buenas y las malas resucitarán. Ésta es la consecuencia de la resurrección de Jesús. Pero no resucitarán para ir al mismo lugar. Pablo dice, ante el gobernador Félix: "Tengo la misma esperanza en Dios de que habrá una resurrección, tanto de los justos como de los malos". Hitler resucitará, y usted resucitará. Pero para qué cosa resucite dependerá mucho de cómo ha vivido su vida aquí. Ésa es una consecuencia de la resurrección de Jesús para las personas. Pero no resucitaremos el mismo día. De acuerdo con el Nuevo Testamento, habrá dos resurrecciones: una, la primera, de los justos, de los que aman a Jesús, y muchos años después, el resto de la raza humana recibirá nuevos cuerpos y resucitará. Entremedio, Cristo gobernará este mundo, y por eso resucitaremos primero con él. "Dichosos los que", dice la escritura, "tienen parte en la primera resurrección". Porque resucitaremos para ayudarlo a gobernar el mundo. Él vuelve para ser el Rey de reyes y Señor de señores, y necesitará personas que lo ayuden. Por eso resucitará primero a los que sabe que lo ayudarán. Los que lo ayudaron aquí resucitarán. Todos recibirán un cuerpo nuevo, pero no al mismo tiempo y ciertamente no para el mismo lugar. Porque la segunda resurrección de todos será seguida inmediatamente por el Día del Juicio, en el que las personas encontrarán la realidad del cielo y el infierno.

Decimos "cielo e infierno", pero en realidad habrá un nuevo cielo y una nueva tierra, más que un lugar llamado cielo: un flamante planeta Tierra. Somos las únicas personas del universo que sabemos esto. Nadie más sabe que habrá otro planeta Tierra y otro espacio alrededor.

La experiencia de la resurrección
Miremos ahora la experiencia de la resurrección. Si me pregunta cómo sé que Jesús está vivo, la respuesta es muy

sencilla. Estuve hablando con él esta mañana. Ésa es la prueba última de la resurrección: cuando uno acepta que Jesús está vivo, y que habla con él. Estaba predicando en una iglesia en Inglaterra y había una mujer judía sentada en la congregación. Era una mujer bonita y yo no sabía que era judía. Se me acercó después y dijo: "Sr. Pawson, ¿está usted diciendo que Jesús de Nazaret aún está vivo?".

Le contesté: "Sí, vine aquí para decirle eso".

Y entonces dijo: "Pero si está vivo, entonces tiene que ser *nuestro* Mesías". No dijo "de ustedes" sino "nuestro".

Contesté: "Sí, es cierto". Me preguntó cómo podría saber que estaba vivo. La saqué de la iglesia y la llevé a una sala en el fondo, la senté en una silla cómoda. Le dije que la dejaría quince minutos, y quería que ella le hablara a Jesús, le hablara en voz alta. Si Jesús estaba vivo, le contestaría. La animé a que hablara acerca de ella, que le dijera lo que pensaba de él, que le dijera lo que más quería de la vida, que solo tuviera una charla con él. Me fui quince minutos, y cuando volví me dijo: "¡Está vivo! ¡Está vivo!". Y en unos minutos ella me estaba enseñando la Biblia, y me decía: "Esto es cierto, y esto es cierto", y estaba citando la Biblia. La conocía muy bien, solo el Antiguo Testamento, que está lleno de cosas acerca de Jesús. Ella ahora vio que todo era cierto. Yo aprendí de ella, en esos minutos que siguieron. Solo había sido una cristiana dos o tres minutos, y me estaba enseñando acerca de Jesús desde la Biblia. ¡Está vivo! Uno empieza a hablar con él, a compartir con él, y encuentra que él responde. No, uno no lo ve, aunque lo veremos cuando vuelva. Pero uno le habla, y él le habla, y uno sabe en su espíritu y el corazón que la resurrección es verdad.

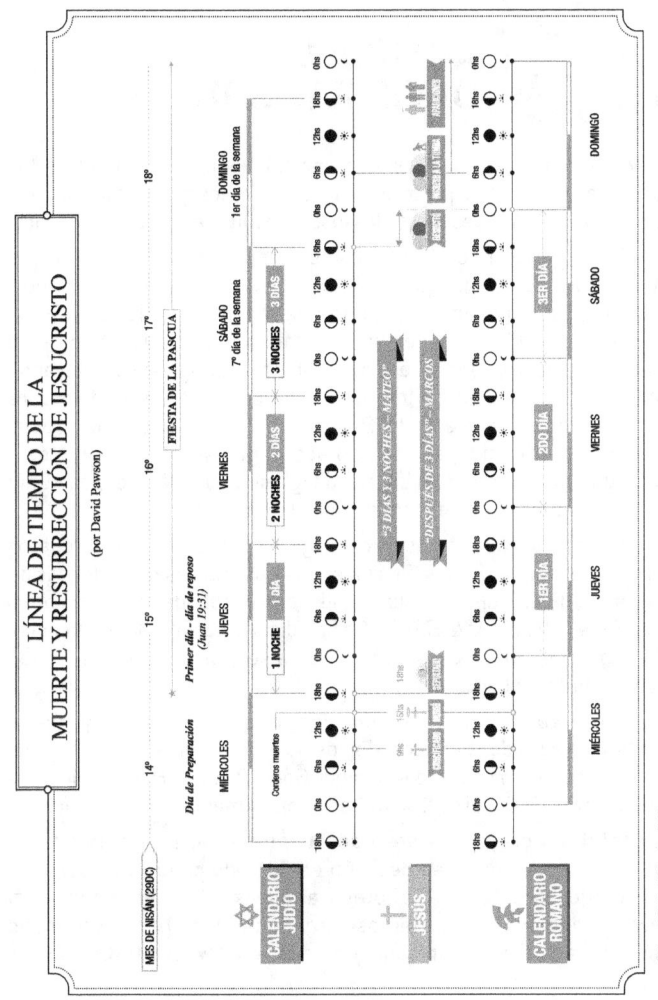

ACERCA DE DAVID PAWSON

David es un orador y autor con una fidelidad intransigente a las Sagradas Escrituras, que trae claridad y un mensaje de urgencia a los cristianos para que descubran los tesoros ocultos en la Palabra de Dios.

Nació en Inglaterra en 1930, y comenzó su carrera con un título en Agricultura de la Universidad de Durham. Cuando Dios intervino y los llamó al ministerio, completó una maestría en Teología en la Universidad de Cambridge y sirvió como capellán en la Real Fuerza Aérea durante tres años. Pasó a pastorear varias iglesias, incluyendo Millmead Centre, en Guildford, que se convirtió en modelo para muchos líderes de iglesia del Reino Unido. En 1979 el Señor lo llevó a un ministerio internacional. Su actual ministerio itinerante está dirigido principalmente a líderes de iglesia. David y su esposa Enid viven actualmente en el condado de Hampshire, Inglaterra.

A lo largo de los años ha escrito una gran cantidad de libros, folletos y notas de lectura diarias. Sus extensas y muy accesibles reseñas de los libros de la Biblia han sido publicadas y grabadas en "*Unlocking the Bible*" (*Abramos la Biblia*). Se han distribuido millones de copias de sus enseñanzas en más de 120 países, proveyendo un sólido fundamento bíblico.

Es considerado como "el predicador occidental más influyente de China" a través de la transmisión de su exitosa serie "*Unlocking the Bible*" a cada provincia de China por Good TV. En el Reino Unido, las enseñanzas de David se transmiten habitualmente por Revelation TV.

Incontables creyentes de todo el mundo se han beneficiado también de su generosa decisión en 2011 de poner a disposición sin cargo su extensa biblioteca audiovisual de enseñanza en www.davidpawson.org. Hemos cargado también hace poco todos los videos de David a un canal dedicado en **www.youtube.com**

VEA EN YOUTUBE
www.youtube.com/user/DavidPawsonMinistry

LA SERIE EXPLICANDO
VERDADES BIBLICAS EXPLICADAS SENCILLAMENTE

Si usted ha sido bendecido al leer, ver o escuchar este libro, hay más disponibles en la serie. Por favor regístrese y descargue más libritos visitando **www.explicandoverdadesbiblicas.com**

Otros libritos en la serie *Explicando* incluirán:
La historia asombrosa de Jesús
La unción y la llenura del Espíritu Santo
La resurrección: *El corazón del cristianismo*
El estudio de la Biblia
El bautismo del Nuevo Testamento
Cómo estudiar un libro de la Biblia: Judas
Los pasos fundamentales para llegar a ser un cristiano
Lo que la Biblia dice sobre el dinero
Lo que la Biblia dice sobre el trabajo
Gracia: *¿Favor inmerecido, fuerza irresistible o perdón incondicional?*
¿Eternamente seguros?
Tres textos que suelen tomarse fuera de contexto: *Explicando la verdad y exponiendo el error*
LaTrinidad
La verdad sobre la Navidad

Tambien nos encontramos en proceso de preparar y subir estos libritos que puedan ser comprados como copia impresa de:

www.amazon.co.uk o **www.thebookdepository.com**

ABRAMOS LA BIBLIA

Una reseña única del Antiguo y el Nuevo Testamento del internacionalmente aclamado orador y autor evangélico David Pawson. *Abramos la Biblia* abre la palabra de Dios de una forma fresca y poderosa. Pasando por alto los pequeños detalles de los estudios versículo por versículo, expone la historia épica de Dios y su pueblo en Israel. La cultura, el trasfondo histórico y las personas son presentados y aplicados al mundo moderno. Ocho volúmenes han sido reunidos en una guía compacta y fácil de usar que cubren el Antiguo y el Nuevo Testamento en una única edición gigante. El Antiguo Testamento: *Las instrucciones del fabricante* (Los cinco libros de la Ley), *Una tierra y un reino* (Josué, Jueces, Rut, 1-2 Samuel, 1-2 Reyes), *Poesías de adoración y sabiduría* (Salmos, Cantares, Proverbios, Eclesiastés), *Declinación y caída de un imperio* (Isaías, Jeremías y otros profetas), *La lucha por sobrevivir* (1-2 Crónicas y los profetas del exilio) – El Nuevo Testamento: *La bisagra de la historia* (Mateo, Marcos, Lucas, Juan y Hechos), *El decimotercer apóstol* (Pablo y sus cartas), *A la gloria por el sufrimiento* (Apocalipsis, Hebreos, las cartas de Santiago, Pedro y Judas).

JESÚS
LAS SIETE
MARAVILLAS
DE SU
HISTORIA

Este libro es el resultado de toda una vida de contar "la más grande historia jamás contada" por todo el mundo. David la volvió a narrar a varios cientos de jóvenes en Kansas City, EE.UU., que escucharon con un entusiasmo desinhibido, "twiteando" por Internet acerca de este "simpático caballero inglés" mientras hablaba.

Tomando la parte central del Credo de los Apóstoles como marco, David explica los hechos fundamentales acerca de Jesús en los que está basada la fe cristiana de una forma fresca y estimulante. Tanto los cristianos viejos como nuevos de beneficiarán de este llamado a "volver a los fundamentos", y encontrarán que se vuelven a enamorar de su Señor.

OTRAS ENSEÑANZAS
POR DAVID PAWSON

Para el listado más actualizado de los libros de David ir a: **www.davidpawsonbooks.com**

Para comprar las enseñanzas de David ir a: **www.davidpawson.com**

www.ingramcontent.com/pod-product-compliance
Lightning Source LLC
Chambersburg PA
CBHW070120110526
44587CB00016BA/2725